Gloria Hannah Sophie

Ich *denke* was, was du nicht *siehst*

novum pro

Bibliografische Information
der Deutschen Nationalbibliothek:

Die Deutsche Nationalbibliothek
verzeichnet diese Publikation in
der Deutschen Nationalbibliografie.
Detaillierte bibliografische Daten
sind im Internet über
http://www.d-nb.de abrufbar.

Alle Rechte der Verbreitung,
auch durch Film, Funk und Fernsehen,
fotomechanische Wiedergabe,
Tonträger, elektronische Datenträger
und auszugsweisen Nachdruck,
sind vorbehalten

Gedruckt in der Europäischen Union
auf umweltfreundlichem, chlor- und
säurefrei gebleichtem Papier.

© 2022 novum Verlag

ISBN 978-3-99131-775-3
Lektorat: Thomas Ladits
Umschlagfoto:
Olena Churilova | Dreamstime.com
Umschlaggestaltung, Layout & Satz:
novum Verlag

www.novumverlag.com

Inhaltsverzeichnis

Ich denke was, was du nicht siehst.   7
Ich fühle was, was du nicht spürst.   41
Ich frage was, was du nicht hörst.   53
Ich schreibe was, was du nicht liest.   67

ICH DENKE WAS, WAS DU NICHT SIEHST

Beethoven.
Ein Moment der Ruhe.
Ich lausche der Melodie.
Versinke.
Doch bevor ich mich fallen lassen kann:
Eine Explosion.
Tausend Worte fliegen in meinem Kopf.
Durcheinander.
Mein Innerstes schreit.
Doch außen bin ich still.
Alles ist um mich herum still.
Es erklingt nur die Mondscheinsonate.
Leise.
Laut ist es in mir.
Geradezu ohrenbetäubend.
Stehend am Abgrund der Selbstbeherrschung
kämpfe ich gegen all die, die mich stürzen sehen wollen.
Ich bin stark, immer.
Aber heute schaffe ich es nicht.
Selbsthass, Ekel und Depression schubsen mich hinunter.
In diesem Moment entwischt mir eine Träne.
Und niemand kann anhand dieser erahnen,
was ich in mir für Kriege führe.

Ich fange an, viel zu viel zu denken.
Dem Tod jeden meiner Gedanken zu schenken.

Du bist da.
Du bist da, aber nicht für mich.
Du bist hier, aber nicht bei mir.
Du bist da.
Du gehst da.
Du lachst da.
Du stehst da.
Aber du nimmst mich nicht wahr.
Du nimmst nicht wahr,
was zwischen uns war.
Und ich habe erkannt:
Für dich bin ich nicht mehr interessant.
Weil ich dir nicht das, was du willst, geben kann.

Wenn ich dir gegenüberstehe,
bin ich nackt,
obwohl ich Kleidung trage.

Viel zu viel Wissen,
das ich mir bis morgen
angeeignet haben sollte.
Und ich weiß nicht
ein Zehntel davon.
Also gebe ich auf.
Wie schon so viele Male
zuvor.

Ich lege das Buch weg.
Drehe die Musik auf.
In der Hoffnung,
meine Gedanken zu übertönen.
Brauche frische Luft.
Öffne das Fenster.
Schwer atmend.
Und schaue nach unten.

Wie leicht wäre es?
Einfach nur springen.
Fallen, aufschlagen.
Doch Garantie auf Tod
habe ich nicht.
Also was soll ich tun?
Meine Gedanken überschlagen sich.
Doch ich bewege mich nicht.

Eine Hand berührt meine Schulter.
Ich erschrecke.
Drehe mich um.
Und sehe dich an.
Du sagst:
„Denk' nicht mal dran."
Und wischst mir die Tränen
aus meinem Gesicht.

Es ist immer wieder ein Schlag ins Gesicht,
wenn alles mühsam Erbaute
um mich herum zusammenbricht.

Und morgen setze ich die Maske wieder auf
und führe dieses Schauspiel,
das sich „mein Leben" nennt, weiter.

Du saßt mir gegenüber,
aber hast mich nicht angesehen.
Du hast zwar in meine Richtung geschaut,
doch warst in deiner eigenen Welt.

Weiß nicht,
wie das Leben weiter geht,
wann es weiter geht
oder ob überhaupt.

Vieles erinnert mich an dich.
Weniges an uns.
Nichts an mich.

Ich warte
auf dich.
Öfter, als ich sollte.

Aber du
kommst nicht.
Niemals.

Dank dir weiß ich,
wieso Stockholm
nicht nur eine Stadt ist.

Seit Jahren bist du es,
der den Ton in meinem Leben angibt.
Ohne es überhaupt zu wissen.

Ich sah heute ein kleines Licht der Hoffnung.
Aber selbst morgen wird der Schein mich nicht mehr trügen.
Die Welt, in der wir heute leben,
besteht auch morgen nur aus Maskerade,
Täuschung und Lügen.

Beim Versuch,
dich zu finden,
habe ich mich verloren.

Will sterben, aber darf es nicht.
Soll leben, aber kann es nicht.

Dunkelheit.
Nur ein kleines Aufblitzen
am Horizont,
das weit blicken lässt
in Zukunft und Vergangenheit.

Überall Nebel.
Und leichter Regen.
Wird zu starkem Hagel.
Die Körner wie Lastwagen.
Ein heftiger Sturm zieht auf.
Unwetterwarnungen von der Zentrale.
In Sekundenschnelle.
Und nur in meinem Kopf.
Ich schaue aus dem Fenster.
Sehe, dass die Sonne scheint.
Aber friere.
Denn in mir herrschen Minusgrade,
die mich eiskalt werden lassen.

Mein Herz
und mein Körper
sind vergeben.
An zwei Menschen,
die unterschiedlicher nicht sein könnten.

Du hast mir
vieles ermöglicht
und gleichzeitig alles genommen.

Ich wollte jahrelang, dass du mich vergisst.
Aber du hast es nicht geschafft.
Dass du mich jetzt nicht mehr vermisst,
habe ich gerade erst gerafft.

Bring mich nie wieder zum Lachen,
wenn alles, was mir bleibt,
Tränen sind.

Hier bin ich wieder, an dem Punkt,
an dem ich bereit bin, für immer zu gehen
und nie wieder zu kommen.

Sind so weit voneinander entfernt
wie nie zuvor.
Obwohl wir direkt nebeneinanderstehen.

Ich schreie.
Ich schreie den größten Teil meines Lebens.
Seitdem suche ich Hilfe, vergebens.

Plötzlich stehst du vor mir.
Wir schauen uns an.
Und ich bin nicht einmal verwundert,
dass ich kein Wort sprechen kann.

Ich wollte dir vor einiger Zeit so vieles sagen.
Dich so vieles fragen.
Doch jetzt bin ich still.
Weil ich sicher bin, dass ich keine deiner Antworten hören will.

Da bin ich wieder – ganz weit am Boden.
Immerhin da,
wo ich mich tatsächlich gut auskenne.

Es regnet.
Heute sogar vor der Tür.
Sonst immer nur in meinem Kopf.

Heute ist die Maske gefallen.
Und jeder hat es gesehen.
Aber keiner verstanden.

Ich wäre gern sie.
Dann würdest du jetzt mich lieben.

Ich hatte nie schlechte Absichten.
Ich wollte nur sterben,
ohne dich zu verletzen.

Du fehlst mir nicht.
Es sind die Momente,
in denen ich ich selbst war,
in denen ich ehrlich lachte,
in denen ich mich sicher fühlte
wegen dir.
Aber es sind die Momente,
die fehlen,
nicht du.

ICH FÜHLE WAS, WAS DU NICHT SPÜRST

Ein paar Jahre schon
hänge ich in einer Depression.
Kann nicht mehr nach vorne gehen,
ohne dabei nach hinten zu sehen.

Fühlte sich anfangs seltsam traurig an.
Doch mit der Zeit gewöhnte ich mich daran.
Es ist, als wäre es nie anders gewesen.
Als sei die Traurigkeit mein ganzes Wesen.

Ich vermisse mein unbeschwertes Lachen
über alle möglichen und vor allem dummen Sachen.
Weiß nicht, wann es das letzte Mal echt war.
Stelle mich trotzdem immer allen glücklich und zufrieden dar.

Ich bin nie wirklich allein,
aber fühle mich immer einsam.

Müde bin ich rund um die Uhr.
Aber schlafen kann ich nicht.
Nachts bin ich immer nur
hellwach bis zum Tageslicht.

Man sagt, dass die Zeit jede Wunde heilt.
Doch der Schmerz wegen dir verweilt.

Du denkst, mir geht es gut,
denn ich weine, ohne Tränen zu vergießen.
Denn ich schreie, ohne einen Laut von mir zu geben.
Denn ich zittere, ohne einen Muskel zu bewegen.
Denn ich lache, ohne es zu fühlen.

Wenn Alpträume wieder beginnen,
in denen immer Dämonen gewinnen.

Ich betrachte meine Hände.
Ich zittere.
Gleichzeitig läuft mir Schweiß
von der Stirn.
Der Puls geht hoch.
Ich werde schwach.
Schwindel.
Magenkrämpfe.
Ich betrachte meine Hände.
Das Zittern verstärkt sich.
Die Luft wird knapper.
Mir ist kalt und heiß zugleich.

Ich wollte Kontrolle haben,
habe sie beim Schneiden aber verloren.

Inmitten von Menschen
bin ich einsamer
als allein.

Ich denke nicht, dass du leidest.
Aber falls doch, melde dich, denn ich leide
ohne dich noch mehr
als mit dir.

ICH FRAGE WAS, WAS DU NICHT HÖRST

Was ist, wenn ich verlernt habe,
wie man lebt,
wie man einen Schritt nach dem anderen geht?

Denkst du manchmal an mich
und hasst dich für das,
was du mir angetan hast?
Denn denke ich an dich,
hasse ich mich,
weil ich es zugelassen hab.

Ich hätte alles für dich gegeben.
Bis auf diese eine Sache.
Sag mir,
wieso ich mir jetzt Vorwürfe mache.

Lügen wir nicht andere auch nur an,
damit wir es selbst glauben?

Ich überlege oft: Melde ich mich
oder tu ich es lieber nicht?
Denn ich weiß,
es wäre besser, dich zu meiden.
Aber mein Herz schreit und mein Kopf sagt,
dass wir ohne dich noch mehr leiden.

Reicht es nicht,
wenn ich am Boden liege und nicht mehr aufstehen kann?
Musst du dann nochmal drauftreten?
Nur um sicherzugehen,
dass ich auch wirklich nicht mehr aufstehe.

Soll ich alles riskieren,
in der Hoffnung,
dich nicht wieder zu verlieren?

Wir setzen uns Ziele und denken,
wir können sie eh nicht erreichen.
Haben einen Rhythmus im Alltag – schrecklich monoton.
Aber trauen uns trotzdem nicht, von ihm abzuweichen.
Haben Ideen im Kopf von den verrücktesten Dingen.
Sprechen jedoch nicht über solche Sachen.
Denn über unsere Hirngespinste würden andere nur lachen.
Bauen Mauern um uns, stumpfen äußerlich ab.
Doch in uns brodelt Unbehagen.
Und wir leiden schweigend.
Weil da niemand ist, der uns zuhört.
Niemand, der uns versteht.
Wieso sollen wir klagen,
wenn es uns doch eigentlich so gut hier geht?

Meinst du es diesmal ernst,
oder übst du nur wieder dein Schauspiel aus?

Ich sage, ich gehe zum Arzt.
Ich gehe jedoch zum Psychologen.
Er ist eigentlich kein Arzt,
aber behandelt Kranke, wie mich.
Du fragst mich, ob es etwas Ernstes ist.
Und ich frag mich, was ich sagen soll.
Weil das letzte, an das du denkst,
etwas Psychisches ist.
Auch, wenn es lebensbedrohlich sein kann.
Und trotzdem kann ich es verstehen.

Wie oft kannst du mich noch verletzen,
bis ich dich nicht mehr liebe?

ICH SCHREIBE WAS, WAS DU NICHT LIEST

Weil ich nie weiß,
was ich sagen soll,
was ich fragen soll,
schweige ich.
Denn wieso sollten
meine Worte und Fragen
wichtiger als die
eines anderen sein?
Oder überhaupt nur genauso wichtig.

Ich würde springen.
Oder für euren Frieden
versehentlich stolpern.
An einem Stein hängen bleiben.

Und fallen.
Von einer Brücke.

Ich will fallen
und aufschlagen.
Niemand soll mich fangen.
Niemand aufhalten.

Gestern war ein grauer Tag.
Dunkelgrau.
Ich konnte die Tropfen spüren,
aber die Wolken nicht erkennen.
Ich denke, sie sind immer da,
wenn es so dunkel ist.
Wie eigentlich immer.

Heute ist ein grauer Tag.
Hellgrau.
Ich könnte meinen, die Sonne scheint.
Aber ich sehe sie nicht.
Ich fühle sie nicht.
Es ist heller als sonst.
Aber immer noch farblos.

Morgen wird auch ein grauer Tag.
Egal ob hell oder dunkel.
Wahrscheinlich eher dunkel.
Aber eigentlich ist auch das egal.
Denn grau ist grau.
Und tot ist tot.

Du bist immer da gewesen.
Und auch heute wärst du da,
doch ich stoße dich weg.
Ich merke, wie abhängig du mich machtest.
Wie machtlos ich dachte zu sein.
Und jetzt,
jetzt weiß ich,
ich bin stärker.
Und will es doch gar nicht sein.

Ich schlucke.
Medikamente.
Präparate.
Alkohol.
Und betäube
meine Gedanken.
Meine Gefühle.
Mich.

Tote Gestalten
wandern im Glanze des Sonnenlichts
ziellos umher.

Ihre leeren Blicke
schweifen über den Asphalt,
nie an einem Punkt hängenbleibend.

Ihre leicht geöffneten Lippen
lassen nur ein langsames Atmen
hauchend hindurch.

Ich sitze im Bad.
Auf dem kalten Fliesenboden.
Die Tür einen Spalt geöffnet,
durch den Sonnenstrahlen hinein fallen.

Ich sitze in der Dunkelheit.
Strecke meine Hand
in Richtung des Lichts.
Kurz bevor ich es erreiche, stoppe ich.

Ich nehme noch einmal
die Kälte und Dunkelheit wahr.
Dann erhebe ich mich.
Stehe neben der Tür.

Mache einen Schritt zur Seite.
Und trete in den Sonnenschein.
Will Wärme spüren.
Mich von Helligkeit durchfluten lassen.

Doch es klappt nicht.
In mir bleibt alles eiskalt und dunkel.
Ich ziehe mich ins Bad zurück.
Und schließe die Tür, vollständig.

Ich dachte,
du bist verliebt
in mich.
Aber du weißt nicht,
was Liebe ist.
Du sagtest,
du liebst mich.
Und verstandst nicht,
dass man Liebe nicht erzwingt.

Ich gehe dahin.
Ohne zu wissen, wo ich ankomme.
Oder ob ich überhaupt ankomme.
Möglicherweise gibt es kein Ziel.

Ich laufe voran.
Bleibe kurz stehen, blicke mich um.
Kehre zum Moment zurück.
Blicke mich erneut um.

Gehe den Weg weiter.
Aber komme wieder an den Punkt,
an dem ich eben war, zurück.
Egal, ob ich das will oder nicht.

Erneut halte ich.
Ich fühle mich immer unwohler.
Beginne, vorwärts zu rennen.
Doch komme keinen Schritt voran.

Bin in einer Schleife gefangen.
Durchlebe immer wieder das Gleiche.
Möchte doch nur entfliehen.
Aber komme laufend zum Stehen.

„Du bist immer für andere da. Egal ob morgens, mittags, abends oder mitten in der Nacht. Du hörst zu, auch wenn Freunde sich oft wiederholen, auch wenn sie immer wieder das Gleiche erzählen. Worum es geht, ist irrelevant. Sie können Freudiges oder Trauriges, Entspannendes oder Aufwühlendes erzählen. Dein Ohr ist für jeden offen. Und du würdest alles in deiner Macht Stehende tun, damit es deinen Freunden gut beziehungsweise besser geht. Außerdem bist du loyal, ehrlich und zuverlässig. Egal ob Freunden gegenüber oder in deiner Beziehung. Du bewertest Menschen nicht nach ihrem Äußeren und gibst dir Mühe, auch die inneren Werte, selbst wenn sie nicht deinem Ideal entsprechen, zu schätzen, da du davon überzeugt bist, dass jeder zu dem gemacht wurde, was er ist. Du siehst immer das Gute in Menschen und hegst keine Vorurteile. Wenn du dich jedoch bei dem Gedanken an ein Vorurteil erwischst, denkst du darüber nach; dir wird klar, dass es nicht von dir, sondern von der Gesellschaft ausgeht. Es wirkt, als hätten die meisten Menschen kaum relevante Probleme, doch du weißt, dass man manche Probleme einfach nicht sehen kann, deshalb bist du immer freundlich. Und anstatt auf die Menschen, die keine Probleme haben, neidisch zu sein, freust du dich für sie und hoffst, dass sie ihr Glück erkennen und schätzen können", sage ich und atme tief durch, da ich merke, dass ich ziemlich schlecht im Aufmuntern bin.

Dann rede ich weiter: „Du bist hilfsbereit, nicht nur deinen Freunden und deiner Familie gegenüber, sondern auch Fremden. Du würdest gern jedem bei allem helfen, doch das kannst du nicht. Dafür hilfst du aber bei allem, was du kannst, mit großer Freude, weil es dich erfüllt: Du läufst mit dem Hund einer alten Dame spazieren, weil sie schwer krank ist und es kaum noch schafft; hilfst deinem Turntrainer, den jungen Mädchen die Grundlagen beizubringen. Auch wenn es manchmal fast unmöglich scheint, hilfst du und glaubst daran, dass sie es schaffen können. Und du liebst den Glanz in ihren Augen, wenn sie etwas das erste Mal allein schaffen. Nachhilfe in Mathematik gibst du manchmal stundenlang. Weißt du noch, die fünf Stunden am Stück? Du erwartest nicht einmal eine Gegenleistung, selbst einen Dank brauchst du nicht, denn es reicht dir, zu sehen, dass du etwas Gutes tun konntest. Außerdem bist du großzügig, denn du gibst, auch wenn du kaum etwas hast, und fühlst dich dann schlecht, nicht mehr geben zu können. Du teilst mit Bettlern dein Frühstücksbrot, was du dir am Morgen zuhause noch zubereitet hast, um es später zu essen, obwohl du riesigen Hunger hast. Oder bietest einem Betrunkenen, der dir fremd ist, einen Schlafplatz in deiner Wohnung an, damit er nicht mehr mit dem Auto fährt und somit weder sich noch andere Fahrer oder Fußgänger gefährdet. Du gibst ihm das Bett und nimmst für dich selbst die Couch." Wie verrückt kann man nur sein, denke ich mir währenddessen die ganze Zeit, aber spreche einfach weiter: „Wenn dich jemand verletzt, verzeihst du schnell, weil du weißt, dass es menschlich ist, Fehler zu machen. Aber du weißt, Vergeben heißt nicht Vergessen und wenn jemand einen Fehler zweimal macht, ist es kein Fehler mehr, sondern eine Entscheidung. Und obwohl es lang gedauert hat, hast du gelernt, wann es besser ist, sich von einem Menschen zu trennen. Du hast es geschafft, dich von denen zu trennen, die dir Unrecht angetan haben." Hat es geholfen, frage ich mich in Gedanken. Ich sehe, dass der Person mir gegenüber Tränen über die Wangen kullern und diese den Kopf schüttelt.

Mir geht es immer schlechter, weil selbst diese Worte nichts richten können. Ich zerschlage den Spiegel, vor dem ich stehe, spüre ein Stechen in meiner Brust, werde von meinen Gedanken überrollt und breche zusammen.

Ich stehe an der Gabelung,
an der ich schon viele Male stand.
Setze den einen Fuß vor den anderen.
Wie automatisch.
In Richtung des bekannten Weges,
der mich am Ende wieder genau
hierher bringt.

Der Weg ist kurz.
Und einfach zu beschreiten.
Deshalb wähle ich ihn immer wieder.
Auch heute würde ich lieber ihn gehen.
Aber ich verweile für einen Moment.
Entscheide mich bewusst für den anderen Weg.
Und marschiere los.

Ich liege wach.
Wie jede Nacht.
Aber diese ist nicht wie jede.
Denn ich warte.
Worauf,
weiß ich nicht.

Ich rechne mit
Ärger, Inakzeptanz,
Missverständnis.
Aber hoffe auf
Hilfe, egal wie.
Hauptsache Hilfe.

Ich warte.
Immer noch nicht wissend,
was passieren wird.
Bin von Angst erfüllt.
Und gleichzeitig völlig leer.

Es ist schon zwei Uhr
und du kommst in mein Zimmer.
Setzt dich an mein Bett.
Sagst erstmal nichts.
Und umarmst mich.

Wir weinen beide.
Sonst weine ich nur allein.
Aber diese Nacht
weinen wir zu zweit.
Leise.
Aber zusammen.
Und teilen das Leid.

Ich bekam
Liebe, Mitgefühl
und ein Gefühl von Sicherheit.
Das erste Mal seit Langem.
In dieser Zeit.
Durch dich.

Wir liegen wach,
wie ich jede Nacht.
Aber diese Nacht ist nicht wie jede.
Denn ich starte
morgen
neu mit dir.

Ich kehre nach Hause zurück.
In meine eigenen vier Wände.
Dahin, wo ich ich selbst bin.
Und immer ich selbst war.

Heute kehre ich nach Hause zurück.
Und muss keine Maske abnehmen,
die ich sonst immer trug,
wenn ich mein Zimmer verließ.

Ich kehre nach Hause zurück.
Breche nicht weinend im Badezimmer zusammen.
Schreie nicht stundenlang in mein Kopfkissen.
Verletze mich nicht selbst.

Heute kehre ich nach Hause zurück.
Und bin ich selbst.
Ich bin zuhause immer ich selbst.
Aber ab heute ist das ein neues Ich.

Biografie

Ich bin jetzt siebzehn,
frage mich nicht mehr nach dem Sinn,
weshalb ich hier stehe
oder weshalb ich bin.
Dass ich existiere,
nehme ich einfach hin,
und es ist mir egal, ob ich am Ende verliere,
weil ich eben nur noch existiere.

Ich bin jetzt achtzehn
und habe eingesehen,
so wie jetzt kann es nicht weitergehen.
Ich zwinge mich aufzustehen,
rauszugehen, meinen Abschluss zu bestehen,
nicht nach hinten zu sehen
und bei all dem nicht wieder durchzudrehen.

Ich bin jetzt neunzehn,
habe noch nicht aufgegeben,
wieder glücklich zu sein –
ein friedvolles Leben zu leben.
Keine Ahnung wie,
aber ich bin noch hier,
obwohl ich dachte, das schaffe ich nie.

Ich bin jetzt zwanzig
und weiß,
es kann bergauf gehen,
außer ich bleibe stehen.
Ich kann feststecken,
darf aber nicht aufhören zu kämpfen.

Ich bin jetzt einundzwanzig,
mir ging es schon lang nicht mehr so gut.
Auch wenn es keiner offen sagt:
Psychotherapien tun gut!
Egal wie,
ob Gesprächstherapie,
Medikamente, Ketamin
oder Elektrokonvulsionstherapie.

Ich bin jetzt zweiundzwanzig
und würde meinem jüngeren Ich gern sagen:
Es wird helfen, nach Hilfe zu fragen.
Denn ich kann endlich wieder glücklich leben,
es sollte nie eine Option sein, sich selbst aufzugeben.

Bewerten Sie dieses Buch auf unserer Homepage!

www.novumverlag.com

novum ▲ VERLAG FÜR NEUAUTOREN

Der Verlag

„*Wer aufhört besser zu werden, hat aufgehört gut zu sein!*

Basierend auf diesem Motto ist es dem novum Verlag ein Anliegen, neue Manuskripte aufzuspüren, zu veröffentlichen und deren Autoren langfristig zu fördern. Mittlerweile gilt der 1997 gegründete und mehrfach prämierte Verlag als Spezialist für Neuautoren in Deutschland, Österreich und der Schweiz.

Für jedes neue Manuskript wird innerhalb weniger Wochen eine kostenfreie, unverbindliche Lektorats-Prüfung erstellt.

Weitere Informationen zum Verlag und seinen Büchern finden Sie im Internet unter:

w w w . n o v u m v e r l a g . c o m